CW01370948

Imparare l'Inglese:
Parolacce
Insulti
Oscenità

di
Andrea Conti

Copyright 2015-23 © Andrea Conti.
Tutti i diritti riservati all'Autore.
Prima edizione: Settembre 2014

Alzi la mano lo studente che non si è MAI chiesto come si dicano le parolacce in Inglese o che non è mai andato a sbirciarle nel dizionario o su internet.

Qui ne sono raccolte molte, suddivise per comodità in tre sezioni: le esclamazioni e interiezioni di rabbia/fastidio/frustrazione, gli insulti e infine le *dirty words* in ambito sessuale.

Parola d'ordine: divertirsi e – per una volta – bando alle formalità!

P.S. Per sentire la pronuncia corretta delle parole (altrimenti che gusto c'è se l'interlocutore non capisce che lo stiamo insultando?) si può far riferimento a questi siti:

www.oxfordlearnersdictionaries.com

http://it.forvo.com/

Parolacce

1) **Cazzo!**: *Fuck!*

2) **Eccheccazzo!**: *What the fuck!*

3) **Che cazzo vuoi?**: *What the fuck do you want?*

4) **E sticazzi?**: *Who fucking cares?*

5) **Che situazione del cazzo!**: *What a fucking situation!*

6) **Chiudi quella cazzo di bocca!**:
Shut the fuck up!

7) **Un cazzo di niente**: *A fucking nothing*

8) **Fatti i cazzi tuoi!**: *Mind your own business*

9) **Non farmi incazzare!**: *Don't piss me off*

10) **Sono incazzato nero**: *I'm pissed off*

11) **Cavolo!**: *Heck!*

12) **Di che cavolo parli?**:
What the heck are you talking about?

13) **Baciami il culo / le chiappe**: *Kiss my ass*

14) **Togliti dai coglioni / dalle palle!**:
Get the fuck out!
Piss off!

15) **Mi stai sui coglioni**:

You get on my nerves

You`re getting on my wick

You really pluck my nerves

16) **Sei un rompicoglioni**:

You're a pain in the ass

17) **Non mi rompere i coglioni!**:

Don't break my balls

Don't fuck with me!

Don't bust my chops!

18) **Va' al diavolo!**: *Go to hell*

19) **Fottiti / Va' a farti fottere**:

Screw you!

Go get fucked!

Go get laid!

Get bent!

20) **(Vaf)fanculo! / Vai a fare in culo!**:
Fuck you!
Fuck off!
Up yours!
Get stuffed!

21) **Suca!**:
Bite me
Blow me
Go fly a kite

22) **Merda!**:
Shit!
Crap!

23) **È una cazzata / stronzata!**:
Bullshit!
Balls!

24) **Porca troia / puttana!**:
Holy crap!
Fucking hell!

25) **Porca miseria!**:
Damn it!
Goddamnit!

26) **Fai schifo!**: *You suck*

27) **Che palle! / Che rottura di palle!**:
Bollocks!
What a drag!
That sucks!
How boring!

28) **Ne ho piene le palle**: *I'm sick of it*

29) **Quanto mi rode il culo 'sta cosa!**:
How that pisses me off!

Insulti

30) **Frocio / Finocchio / Checca**:
Queer
Fag
Faggot
Fairy
Poof

31) **Puttana / Zoccola / Troia**:
Whore
Bitch
Hooker
Cunt

32) **Puttanella / Battona**:

Slut

Hussy

33) **Imbecille / Deficiente / Cretino**:

Jackass

Moron

Douche bag

34) **Idiota**:

Idiot

Jerk

Dumb ass

Ass

Asshole

Prat

35) **Bastardo:**

Bastard

Asshole

36) **Coglione**:
Prick
Dipshit
Douche bag
Asshole
Shit fucker

37) **Figlio di puttana / di troia**:
Son of a bitch
Motherfucker

38) **Stronzo:** *Asshole*

39) **Faccia di merda**:
Shithead
Shitface
Pooface

40) **Faccia da culo**:
Ass face
Fuck face

41) **Cornuto**: *Cuckold*

42) **Testa di cazzo**:
Dick head
Fuck head
Motherfucker

43) **Succhiacazzi**: *Cocksucker*

44) **Leccaculo**:
Bootlicker
Asslicker
Asskisser

45) **Rotto in culo**:
Motherfucker
Asshole

46) **Ti rompo il culo / Ti faccio un culo così**:
I'll bust / beat your ass
I'll fuck your ass up

47) **Cafone / ignorante / bifolco**:

Hick

Hillbilly

Redneck

Yokel

Dirty sex words

48) **Cazzo**:

Penis

Dick

Cock

Prick

49) **Fica**:

Pussy

Cunt

Twat

Plug hole

Bearded oyster

50) **Coglioni / palle**:

Balls

Bollocks

Fuzzy tid bits

Testicles

51) **Clitoride**: *Clit*

52) **Culo**:

Ass

Butt

Fanny

Arse

Bum

53) **Ano**:

Asshole

Cornhole

Arsehole

54) **Tette / Bocce / Poppe**:
Boobs
Tits
Breasts

55) **Grandi labbra**:
Meat flaps
Beef curtains
Meat curtains
Ham flap

56) **Farsi un ditalino**: *To finger oneself*

57) **Farsi una sega**:
To jerk off
To spank Hank

58) **Fare una sega**: *To do a handjob*

59) **Venire (orgasmo)**: *To come*

60) **Pompino**: Blowjob

61) **Sborra**:
Cum
Bone sauce
Cock snot
Nut butter
Schlong juice

62) **Sborrata** (in faccia): *(Facial) Cumshot*

63) **Sborrare**:
To ejaculate
To bust a load

64) **Ingoiare**:
To swallow
Cumeating

65) **Succhiare il cazzo**:
To smoke a sausage
To suck someone's dick
To blow someone

66) **Scopare / trombare**:
To fuck
To ride
To bang

67) **Mettere a pecorina**:
Doggy-style sex
Sheep-fucking

68) **Fare una spagnola** *(tra le tette)*:
To dutch fuck

69) **Inculare**: *To butt-fuck*

70) **Sesso anale**: *Buggery*

71) **Anilingus**: *Rimming*

72) **Leccare le secrezioni anali / vaginali**:
To felch

73) **Leccare la fica**: *Cunnilingus*

74) **Scopare la bocca** (tenendo la testa del partner): *To skull fuck*

75) **Scoreggiare**:
To fart
To rip / cut / lay a fart

76) **Cacare**:
To shit
To poop
To squeeze a steamer

77) **Pisciare**:
To pee

Grazie per aver scelto questo libretto.
Se ti è stato utile aiutami con una recensione o una valutazione in stelline.

Andrea